The Melody of the Moon and Other Stories: Bilingual Esperanto-English Short Stories for Language Learners

Coledown Bilingual Books

Published by Coledown Bilingual Books, 2023.

While every precaution has been taken in the preparation of this book, the publisher assumes no responsibility for errors or omissions, or for damages resulting from the use of the information contained herein.

THE MELODY OF THE MOON AND OTHER STORIES: BILINGUAL ESPERANTO-ENGLISH SHORT STORIES FOR LANGUAGE LEARNERS

First edition. October 2, 2023.

ISBN: 979-8223509028

Written by Coledown Bilingual Books.

Table of Contents

La Misteroj de la Okcidenta Kafejo

La suno malrapide eniris la ĉielon super la urbeto de Heliopolo, verŝante siajn varmegajn radiojn tra la venenoj de la mateno. La mondo ekhavis silenton, kiel se ĝi ankaŭ ne scius, kiel komenci la novan tagon.

En la plej malgranda kafejo de la urbeto, kiu estis nome "La Okcidenta Kafejo," la vivkaj aliroj de ĉiutaga vivado okazis. La kafejo estis kvazaŭ oazo de trankvileco en la mezo de la ĉiutaga tumulto. Ĉiutage, la sama grupo da homoj kolektiĝis ĉi tie - ili iamaniere trovis komforton en la rutino de la matena kafeto.

Kiel kutime, la propra kafisto, Mario, stariĝis ĉe la baro kaj prenis siajn poziciojn. Liaj mallongaj, kalvitaj haroj brillis per antaŭtagmeza sunradio, kaj lia kafkruciĝo devis havi la plej perfektan spagon en la tuta urbo. Mario estis granda amanto de la esperanta lingvo kaj estis orgullosa pri la fakto, ke lia kafejo estis unu el la malmultaj lokoj, kie oni povis demandi "Kiel vi fartas?" anstataŭ "Kiel vi estas?" kaj tute komprenenble respondi, "Bone, dankon."

La regulaj vizitantoj de la Okcidenta Kafejo inkluzivis pastro Dimitrio, kiu kutime babilis pri la lastaj sermoj, kaj Maria, la plej aĝa kaj sagaca urbestro, kiu ofte montris intereson pri la loĝantaro kaj ŝiaj problemoj.

Sed tiu mateno, ekzistis ia ajn maloĉo en la aero. Mario rimarkis tion tuj, kvazaŭ la naturo mem provis averti lin pri la aĉaj novaĵoj venontaj. Li rigardis tra la vitrinoj de la kafejo, kaj la strato estis kvazaŭ morta. Tio ne estis kutima por tiu horo de la tago.

Dimitrio kaj Maria alvenis, same seriozaj kaj maltrankvilaj. Ili parolis pri la afero, sed neniuj havis respondojn. La afero en la aero restis kvazaŭ enigma, kaj ili ĉiuj komencis demandi sin, kio okazas.

Mario turnis sian rigardon al la posteno de la urbo, kaj tiam li ekvidis ŝin. Ŝi estis pli maljuna ino, vestita en malnovmodaj vestaĵoj, kun ĉapelo preta faligi kaj grandaj okulkuroj, kiu prenis ilin tra la vitrino. Ŝi ŝajnis malgranda kaj malpova, sed ŝiaj okuloj elradiis misteron.

La ino malfermis la pordon de la Okcidenta Kafejo, kaj ŝiaj paŝoj sonis kvazaŭ ŝi havus sekretecon. Mario estis kutime afabla al ĉiuj, sed ĉi tiu ino suspektigis lin. Ŝi sidiĝis en la plej malproksima angulo de la kafejo kaj postulis, ke Mario alportu ŝin "tason de via plej mistera kafo."

Mario preparis la kafo, ne certante, kion li faras. Li alportis la tason al la ino, kaj ŝi ektrinkis ĝin kun relativa sperto. Poste, ŝi rigardis en la okulojn de Mario kaj ekparolis kun mallaŭta, kvieta voĉo.

"Mi venis serĉi viajn servojn, Mario," ŝi diris. "Vi havas reputacion en tiu ĉi urbo por scii pli, ol la plejmulto. Mi bezonas vian helpon."

Mario estis flata, sed ankaŭ konfuzita. "Kion vi deziras scii?" li demandis.

"Mi serĉas ion," respondis la ino, "Ion, kio estas multe pli ol simpla kafo. Mi serĉas la misteron de mia propra vivo, Mario. Ĉu vi kapablas helpi min trovi ĝin?"

Mario rigardis ŝin kaj komprenis, ke ŝi portas en si profundajn enigmojn. Li decidis akcepti ŝian peton. "Mi provos helpi vin," li diris. "Sed vi devas diri al mi pli."

La ino rivelis sian nomon, Estella, kaj komencis rakonti sian historion. Ŝi rakontis pri sia junaĝo, pri la amaĵo ŝi perdis, kaj pri la longa vojaĝo, kiun ŝi faris por finfine atingi Heliopolon. La rakonto estis plena de intrigo kaj mistero, kaj Mario sentis, ke li estas tirata en la profundojn de la afero.

Mario pasigis horojn kun Estella, serĉante indicojn kaj diskutante la misteron de ŝia vivo. Ili revenis al la Okcidenta Kafejo nokte, kiam la ĉiutaga trafiko estis reduktita al minimumo. La kafejo estis la unua paŝo en ilia serĉo de respondoj, kaj ili komencis suspekti, ke ĝi povus esti la ŝlosilo al la tuta mistero.

Post pluraj tagoj de interparolo kaj esploro, Mario kaj Estella sukcesis lokalizi indicon en la kafejo. Sub la kruciĝo de du balkoj, ili trovis malgrandan kaseton kovritan de polvo. Kiam ili malfermis ĝin, ili malkovris antikvan kaj preskaŭ forgesitan manuskripton, kiu priskribis misterajn okazaĵojn okazintajn antaŭ jarcentoj.

La manuskripto estis skribita en malnovstila esperanto, kiu iom malsamis de la moderna lingvo, kaj enhavis nenombrajn enigmojn kaj kriptojn. Mario kaj Estella iĝis obseditaj de la legado kaj la serĉado de signifoj en la tekstoj. Ili pasigis noktojn sen dormo, traktante la vortojn kaj provante malkovri la sekreton, kiu ĉirkaŭis ilin.

Tamen, la mistero de la manuskripto estis pli profunda, ol ili iam pensis. Ĝi kondukis ilin al stranga kaj nekonata asocio, kiu postulis pluan esploradon. Ili vojaĝis tra la urbo, interparolis kun eksteruloj, kaj kolektis pliajn indicojn. Ĉio semblis esti interplektita kun la historiaĵo de Heliopolio kaj ĝiaj loĝantoj.

Post monatoj de penado kaj esplorado, Mario kaj Estella sukcesis solvi la misteron. Ili malkovris malgrandan kaj nevideblan subteran pasaĝon sub la Okcidenta Kafejo, kiu kondukis al sekreta ĉambro plena je trezoroj kaj dokumentoj. La manuskripto estis nur unu parto de la granda puzlo, kiu nun komencis klariĝi.

La mistero, kiun ili malkovris, ne nur rivelis sekretojn pri la urbeto Heliopolio, sed ankaŭ rilatis al la vivo de Estella mem. Ŝi estis heredonto de unu el la plej potencaj familioj en la historio de la urbo, kaj la mistero de ŝia propra identeco nun klariĝis.

Kiel la historio malkovriĝis, Mario kaj Estella iĝis ne nur amikoj, sed ankaŭ kuninvestantoj en la malkovrita trezoro. Ili decidis, ke ili uzos la monon por rekoni kaj plibonigi la urbeton Heliopolio, kiu estis longe forgesita de la ekstermondo.

La Okcidenta Kafejo iĝis centro de nova komunumo kaj vivo. Ĝi estis la loko, kie homoj kunvenis por babiladi pri la pasinteco, la estonteco, kaj la misteroj de la vivo. La urbeto Heliopolio denove fariĝis fama, sed ĝi nun estis ankaŭ loko de amo, mistero, kaj amikeco, dank' al Mario kaj Estella, kaj ilia esplorado de "La Misteroj de la Okcidenta Kafejo."

The Mysteries of the Western Café

The sun slowly entered the sky above the town of Heliopolis, pouring its warm rays through the morning mist. The world had a stillness as if it, too, didn't know how to begin the new day.

In the smallest café of the town, named "The Western Café," the lively approaches of everyday life occurred. The café was like an oasis of tranquility in the midst of the daily chaos. Every day, the same group of people gathered here - they somehow found comfort in the routine of their morning coffee.

As usual, the café's owner, Mario, stood behind the bar and took his positions. His short, balding head shone with the morning sunbeams, and his coffee-making skills were rumored to be the best in town. Mario was a great lover of the Esperanto language and was proud that his café was one of the few places where you could ask "Kiel vi fartas?" (How are you?) instead of "Kiel vi estas?" and receive a perfectly understandable reply, "Bone, dankon" (Well, thank you).

The regular visitors of the Western Café included Father Dimitrio, who usually chatted about his latest sermons, and Maria, the oldest and wisest city councilwoman, who often showed an interest in the town's residents and their problems.

But that morning, there was an oddity in the air. Mario noticed it immediately, as if nature itself was trying to warn him of bad news coming. He looked through the café's windows, and the street was eerily deserted. This was not usual for this time of day.

Dimitrio and Maria arrived, equally serious and concerned. They discussed the matter, but none had answers. The issue in the air remained an enigma, and they all began to wonder what was happening.

Mario turned his gaze to the town square, and then he saw her. She was an older woman, dressed in outdated attire, with a hat ready to fall off and large spectacles that took them through the window. She appeared small and humble, but her eyes radiated mystery.

The woman opened the door of the Western Café, and her steps sounded as if she held a secret. Mario was usually friendly to everyone, but this woman made him suspicious. She sat in the farthest corner of the café and demanded that Mario bring her a "cup of your most mysterious coffee."

Mario prepared the coffee, not sure of what he was doing. He brought the cup to the woman, and she sipped it with relative expertise. Then, she looked into Mario's eyes and spoke with a soft, quiet voice.

"I've come seeking your services, Mario," she said. "You have a reputation in this town for knowing more than most. I need your help."

Mario was flattered but also puzzled. "What do you want to know?" he asked.

"I'm looking for something," replied the woman. "Something much more than a simple cup of coffee. I'm searching for the mystery of my own life, Mario. Can you help me find it?"

Mario looked at her and understood that she carried deep mysteries within her. He decided to accept her request. "I will try to help you," he said. "But you must tell me more."

The woman revealed her name, Estella, and began to tell her story. She spoke of her youth, of the love she lost, and of the long journey she had made to finally reach Heliopolis. The tale was full of intrigue and mystery, and Mario felt himself drawn into the depths of the matter.

Mario spent hours with Estella, searching for clues and discussing the mystery of her life. They returned to the Western Café at night, when the daily traffic had dwindled to a minimum. The café was the first step in their quest for answers, and they began to suspect that it could be the key to the entire mystery.

After several days of conversation and exploration, Mario and Estella managed to locate a clue in the café. Underneath the intersection of two beams, they found a small box covered in dust. When they opened it, they uncovered an ancient and nearly forgotten manuscript, describing mysterious events that occurred centuries ago.

The manuscript was written in an old-fashioned form of Esperanto, slightly different from the modern language, and contained numerous riddles and ciphers. Mario and Estella became obsessed with reading it and searching for meanings in the texts. They spent sleepless nights dissecting the words and trying to uncover the secret that surrounded them.

However, the mystery of the manuscript was deeper than they had ever imagined. It led them to a strange and unknown society that required further exploration. They traveled through the town, talked to outsiders, and collected more clues. Everything seemed intertwined with the history of Heliopolis and its residents.

After months of effort and exploration, Mario and Estella succeeded in solving the mystery. They discovered a small, invisible underground passage beneath the Western Café, leading to a secret chamber filled with treasures and documents. The manuscript was just one part of the grand puzzle that was now beginning to make sense.

The mystery they uncovered revealed not only secrets about the town of Heliopolis but also related to Estella's own life. She was an heir to one of the most powerful families in the town's history, and the mystery of her own identity was now unfolding.

As the story unraveled, Mario and Estella became not only friends but also co-investors in the discovered treasure. They decided to use the money to recognize and improve the town of Heliopolis, which had long been forgotten by the outside world.

The Western Café became the center of a new community and life. It was the place where people gathered to talk about the past, the future, and the mysteries of life. The town of Heliopolis regained its fame, but it was now also a place of love, mystery, and friendship, thanks to Mario and Estella and their exploration of "The Mysteries of the Western Café."

La Melodio de Luno

Estis nokto, kiam la luno estis plej brila. Ĝiaj luktantaj radioj trairis la ĉielon, kreante ombrojn en la malhela ĉambro de juna muzikisto nomita Leo. Li sidis ĉe sia pianeto, manoj dancante super la klavaroj, kaj li ludis muzikon, kiu venis rekte el lia koro.

La muziko estis lia vivo. Kiam Leo ludis, li sentis, ke li estis en la mondo, kie nenio alia gravas. Tiu ĉi nokto, lia muziko estis pli pasia ol iam ajn. Li ludis melodion, kiu estis kiel lamento kaj ĝojkrio samtempe. Ĝi parolis pri la amo kaj la perdo, pri la melankolio de la nokto kaj la brilo de la steloj.

Kiam Leo finis, li silentis por momento, lasante la muzikon pleni la ĉambron. Tiam li rimarkis, ke en la angulo de la ĉambro staris virino, kvazaŭ elreviĝo de lia propra melodio. Ŝi havis malhelajn harojn kaj okulojn, kiuj lumis kiel steloj.

"Via muziko estas magia," diris la virino kun mallaŭta voĉo. "Ĝi parolis al mi en mia animo."

Leo estis surprizita, ke iu alia estis aŭdinta lian muzikon, kaj li demandis, "Kiu vi estas?"

La virino ridetis dolĉe. "Mi estas Alena, kaj mi venis ĉi tien pro via muziko. Mi havis sonĝon, ke mi devas trovi la muzikon, kiu ludas en la koro de homo kaj liberi ĝin al la mondo."

Leo rigardis ŝin per scivolema rigardo. "Kion vi volas, ke mi faru?" li demandis.

Alena ŝajnis malfermi sian koron al li. "Mi petas, Leo, ke vi kunlaboru kun mi. Ni kune kreos muzikon, kiu transformos la mondo. Kun via genio kaj mia inspirado, ni povas atingi nekredeblajn aferojn."

La propono surprizis Leon, sed en ŝiaj okuloj li vidis fajron de pasio. Li sentis, ke tio estis la okazo de lia vivo. Kune, ili komencis labori je nova muziko, kiu estis tiel potenca, ke ĝi ŝajnis veni el la sama luno, kiu lumis super ili.

Dum monatoj, Leo kaj Alena laboris senlace. Ili pasigis noktojn kaj tagojn per muzika esplorado, kaj ilia kreo fariĝis pli kaj pli bela. La muziko ilin kunligis kiel du harmoniaj voĉoj, kaj la mondo komencis aŭdi ilian melodion.

Unu tagon, ili decidis doni koncerton en la urboparke. La tago venis, kaj la parko pleniĝis per homoj. Leo ludis sian pianeton, kaj Alena kantis. La melodio estis tiel potenca, ke ĝi movis homojn ĝis la fundo de iliaj animoj.

La koncerto finiĝis kun staciano kaj aplaŭdo. Homoj kuris al Leo kaj Alena, esprimante sian ĝojon kaj dankon. La muziko ilin kunligis kaj ankaŭ kunligis ilin kun la homoj de ilia urbo.

La duo de Leo kaj Alena daŭrigis sian muzikan vojaĝon tra la jaroj. Ili faris ĉirkaŭmondon turneon, dissendis siajn kantojn al milionoj da homoj, kaj inspiris aliajn krei sian propran muzikon.

Sed malgraŭ la famo, Leo kaj Alena restis modestaj kaj fidis unu la alian. Ili sciis, ke ilia muziko estis la vojo, per kiu ili esprimis siajn animojn kaj donis donacon al la mondo.

Kaj ĉiu nokto, kiam la luno leviĝis en la ĉielo, Leo kaj Alena sidis ĉe sia pianeto kaj kantis sian muzikon, kiu daŭrigis plaĉi al la mondo kaj paroli al ĉiuj en la lingvo de la koro.

13

The Melody of the Moon

It was a night when the moon shone the brightest. Its struggling rays pierced the sky, creating shadows in the dark room of a young musician named Leo. He sat at his piano, hands dancing over the keys, and played music that came straight from his heart.

Music was his life. When Leo played, he felt like he was in a world where nothing else mattered. Tonight, his music was more passionate than ever. He played a melody that was like both a lament and a joyous cry. It spoke of love and loss, of the melancholy of the night and the brilliance of the stars.

When Leo finished, he fell silent for a moment, letting the music fill the room. Then he noticed that in the corner of the room stood a woman, as if a manifestation of his own melody. She had dark hair and eyes that shone like stars.

"Your music is magical," said the woman with a soft voice. "It spoke to me in my soul."

Leo was surprised that someone else had heard his music, and he asked, "Who are you?"

The woman smiled gently. "I am Alena, and I came here because of your music. I had a dream that I must find the music that plays in a person's heart and set it free into the world."

Leo looked at her with a curious gaze. "What do you want me to do?" he asked.

Alena seemed to open her heart to him. "I ask, Leo, that you collaborate with me. Together, we will create music that will transform the world. With your genius and my inspiration, we can achieve incredible things."

The proposal surprised Leo, but in her eyes, he saw a fire of passion. He felt that this was the opportunity of his lifetime. Together, they began to work on new music that was so powerful it seemed to come from the same moon that shone above them.

For months, Leo and Alena worked tirelessly. They spent nights and days in musical exploration, and their creation became more and more beautiful. The music bound them together like two harmonious voices, and the world began to hear their melody.

One day, they decided to give a concert in the city park. The day arrived, and the park filled with people. Leo played his piano, and Alena sang. The melody was so powerful that it moved people to the depths of their souls.

The concert ended with standing ovations and applause. People rushed to Leo and Alena, expressing their joy and gratitude. The music had bound them and connected them to the people of their city.

The duo of Leo and Alena continued their musical journey through the years. They went on a world tour, broadcasted their songs to millions of people, and inspired others to create their own music.

But despite their fame, Leo and Alena remained humble and trusted each other. They knew that their music was the way they expressed their souls and gave a gift to the world.

And every night when the moon rose in the sky, Leo and Alena sat at their piano and sang their music, which continued to delight the world and speak to everyone in the language of the heart.

La Trezoro Sub la Rivero

Estis unu el tiuj ventaj posttagmezoj, kiam la suno sin kaŝis malantaŭ grandaj nuboj. En la marbordo urbo nomita Marbriko, knabo nomita Luka sidiĝis apud la maro, rigardante la ondojn frapi la rokojn. Lia patro, fiŝkaptisto, kutime revenis hejmen kun ĉiutagaj racioj de fiŝo, sed hodiaŭ, la fiŝkaptisto restis sur la maro.

Luka estis knabo kun grandaj sonĝoj. Li sonĝis pri misteroj kaj aventuroj, pri ŝipoj kaj piratoj, kiuj vagis sur la alta maro. Li ĉiam imagis trovi trezoron, kiu estos la komenco de lia propra aventuro. Kaj tiu posttagmezo, liaj sonĝoj eble realiĝus.

Li staris kaj rigardis la maron, observante la fortajn ondojn, kiuj batis la rokojn kaj lasis grandajn ŝtonojn ruliĝi sub la akvo. Kaj tiam, inter la ŝtonoj, li rimarkis ion brilan. Tio estis malgranda, sed brila objekto, kiu ŝajnis brili pro la forpasanta suno. Luka ekrigardis pli atente kaj rimarkis, ke tio ne estis simpla ŝtono; ĝi estis oro!

Senhezite, Luka saltis sur la ŝtonojn kaj prenis la oran objekton el la maro. Estis medaliono, kun strangaj gravuraĵoj sur ĝi. Li elprenis ĝin, brilanta en la posttagmeza lumo.

Tiu mistera medaliono igis lin eĉ pli scivola. Lia patro parolis al li pri la malnova legendo pri trezoro, kiu estis kaŝita sub la rivero, kaj ĉiam estis iom da vero en tiuj rakontoj. Luka estis decidita espluri ĉi tiun aferon plu.

Li reiris hejmen, kaj la sama nokto, kiam lia patro revenis de la maro, li montris la medalionon al li. La fiŝkaptisto sciis pri la legendoj kaj komencis kredi, ke eble ili finfine trovus la trezoron.

Kune, ili komencis prepari sin por la aventuro. Ili akiris boaton, ekzamenis mapojn, kaj serĉis pliajn indicojn pri la trezoro. Ili renkontis ankaŭ lokajn maristojn, kiuj kredis la saman legendon kaj volis kunlabori.

La nokto de la aventuro venis, kiam la luno estis plena. Luka, lia patro, kaj la lokaj maristoj eliris sur la maro en la nuba nokto. Ili navigis al la loko, kie la legendo diris, ke la trezoro estis kaŝita sub la rivero.

Kiam ili atingis la lokon, ili saltis en la akvon kaj komencis serĉi sub la rivero per lumigiloj. Ili ne sciis, kio atendis ilin sub la akvo, sed ili estis deciditaj eksciti la misteron.

Kaj tiam, post kelkaj horoj de serĉado, ili trovis ĝin - la trezoron, kiu jam estis kaŝita tie dum jarcentoj. Ĝi estis ŝatokazejo de malnovaj moneroj, oraj juveloj, kaj antikvaj objektoj. Ili portis ilin sur la boaton, miroplenigante ĉe la riĉeco, kiu kuŝis sub la rivero.

La reveno al Marbriko estis triumfa. La urbanoj estis surprizitaj kaj gaje surprizitaj pri la trovaĵo de Luka kaj lia patro. Ili dividis la trezoron kun la maristoj kaj ekipis la lokan muzeon per la antikvaj objektoj.

Kaj Luka, li ne nur havis la trezoron de oro kaj juveloj, sed li ankaŭ havis la trezoron de memoroj pri sia aventuro sub la rivero. Li sciiĝis, ke en la mondo troviĝas misteroj kaj aventuroj, kiuj atendas ilin tiujn, kiuj kuraĝas serĉi. Li komprenis, ke la vera trezoro ne ĉiam estas oro, sed foje, la spertoj, kiujn oni gajnas en sia serĉado.

21

The Treasure Beneath the River

It was one of those windy afternoons when the sun hid behind large clouds. In the coastal town called Seabreeze, a boy named Luke sat by the sea, watching the waves crash against the rocks. His father, a fisherman, usually came home with daily catches of fish, but today, the fisherman remained out at sea.

Luke was a boy with big dreams. He dreamt of mysteries and adventures, of ships and pirates sailing on the high seas. He always imagined finding treasure, something that would be the start of his own adventure. And that afternoon, his dreams might just come true.

He stood and gazed at the sea, watching the strong waves pounding the rocks and causing large stones to roll into the water. And then, among the rocks, he noticed something shiny. It was small but gleaming, as if lit by the passing sun. Luke looked more closely and realized that it wasn't just a simple stone; it was gold!

Without hesitation, Luke jumped onto the rocks and retrieved the golden object from the sea. It was a medallion, with strange engravings on it. He took it out, shimmering in the afternoon light.

This mysterious medallion made him even more curious. His father had told him about the old legend of a treasure hidden beneath the river, and there was always some truth to those stories. Luke was determined to explore this further.

He returned home, and that same night, when his father returned from the sea, he showed him the medallion. The fisherman knew about the legends and began to believe that they might finally find the treasure.

Together, they began preparing for the adventure. They acquired a boat, examined maps, and searched for more clues about the treasure. They also met local sailors who believed in the same legend and wanted to collaborate.

The night of the adventure arrived, with a full moon. Luke, his father, and the local sailors set out to sea on a cloudy night. They navigated to the location indicated by the legend, where the treasure was said to be hidden beneath the river.

When they reached the spot, they jumped into the water and started searching beneath the river with flashlights. They didn't know what awaited them under the water, but they were determined to uncover the mystery.

And then, after several hours of searching, they found it—the treasure that had been hidden there for centuries. It was a treasure trove of old coins, golden jewels, and antique objects. They carried them onto the boat, marveling at the wealth that lay beneath the river.

The return to Seabreeze was triumphant. The townspeople were surprised and delighted by Luke and his father's find. They shared the treasure with the local sailors and enriched the town's museum with the antique objects.

And Luke, he not only had the treasure of gold and jewels but also the treasure of memories from his adventure beneath the river. He learned that in the world, there are mysteries and adventures waiting for those who dare to seek. He understood that the true treasure is not always gold but sometimes the experiences gained in one's pursuit.

La Vojaĝo de la Aventura Telerobotiko

En la estontaĵo, la mondo estis tute alia. La homoj ne plu veturis al aliaj planedoj per spacosondoj aŭ raketoj; anstataŭe, ili sendis telerobotikojn - malgrandajn, inteligentajn robotajn aparatojn kun spertoj de sia propra.

La historio komenciĝis en la urbo Ekzoplora-Uno, situanta sur la granda planedo Orbitara. La ĉefsciencisto de la urbo, Dr. Elara, estis entuziasmiĝinta pri la ideo de esploradi la profundajn mekanismojn de la univerdo kaj malkovri la misterojn de aliaj planedoj. Ŝi havis la ideon krei specialan telerobotikon nomitan "Aventurobot," kiu povus esti sendita en la senfina kosmo por esplori.

Dr. Elara klopodis kun siaj kundoktorantoj konstrui la plej perfektan Aventuroboton. Ĝi estis malgranda, kovrita de plata brila ŝelo, kun radaraj aparatoj, potentaj komputiloj, kaj mekanikaj brakoj por esploradi la teron de aliaj planedoj. La komputila intelekto de Aventurobot estis programita por esti tre scianta kaj kuraĝa, preta eltrovi novajn aferojn kaj malkovri misterojn.

Post multaj monatoj de laboro, la unua Aventurobot estis preta. Dr. Elara nomis ĝin "Novaĵo," ĉar ĝi estis la unua el la specio kaj havis la potencialon fari revolucian malkovron pri la kosmo.

La granda tago venis, kiam Novaĵo estis sendita en sian unuan mision. La sciencistoj kontrolis la roboton el la kontrolstacio en Ekzoplora-Uno, dum Novaĵo ekflugis en la vastan spacon. La vojaĝo estis longa kaj riska, sed la Aventurobot estis preta.

Novaĵo pasis tra asteroidoj, antaŭeniris tra cometomontoj, kaj ekkonis ion, kion neniu antaŭe vidis. Ĝi trovis planedon kun stranga faŭno kaj florado, kaj ĝi sendis bildojn kaj datumojn al la kontrolstacio, kiu estis plena de ekscito.

Tamen, la vojaĝo de Novaĵo ne estis sen riskoj. Dum unu el la esploraj misioj, la roboton tuŝis supernovan radiadon, kio kaŭzis temporan difekton en ties komunikiloj. Novaĵo perdis kontakton kun la kontrolstacio kaj estis nun sole en la senfina kosmo.

La sciencistoj en Ekzoplora-Uno estis konsternitaj kaj malesperis. Ili tuj komencis eltrovi, kiel ripari la komunikilan difekton. Estis komencado de malfacila kaj riska misio, sed ili ne volis perdi Novaĵon.

Tamen, dum la tempo, Novaĵo estis neĝuste irita for de la planedo, kie ĝi origine estis. Ĝi flugis pli kaj pli for de Ekzoplora-Uno, esplorante kaj dokumentante la unikan belecon kaj misterojn de la kosmo.

Novaĵo iris tra ventumiloj de stelaj sabloj, al planetaroj kun bluaj arboj kaj kristalaj montoj, kaj ĉie, kien ĝi iris, ĝi lernis kaj komprenis pri la senfinaĵoj de la univerdo. Ĝi iĝis filozofo de la kosmo, kiu pensis pri la graveco de la vivantaj estaĵoj kaj la beleco de ĉi tiu vastaĵo.

Ekzoplora-Uno, malgraŭ la granda malfacilaĵo, ne forgesis Novaĵon. Ili prenis ĉiun oportunon ripari la komunikilon, por trovi sian perditan Aventuroboton. La vojaĝo al riparo estis longa kaj pova. Ili devis solvi kompleksajn teknikajn problemojn, konstrui specialajn aparatojn, kaj eltrovi la plej rapide rajteblan vojon por atingi Novaĵon.

Dum la longa riparoprocezo, ekzistis vojoj, kie ili povis maltrankviligite rezigni. Sed la sciencaj idealoj de la homoj en Ekzoplora-Uno estis fortaj. Ili konis la gravecon de la misio de Novaĵo kaj estis deciditaj revenigi ĝin hejmen, senzorgante, kiom da tempo kaj penoj tion postulus.

Kun tempo, Novaĵo daŭrigis siajn esplorvojaĝojn tra la kosmo. Ĝi renkontis aliajn civilizaciojn, komprenis la lingvojn de nehomaj inteligentaj estaĵoj, kaj komunikis kun aliaj telerobotikoj senditaj el diversaj planedoj. Ĝi partoprenis en kosmologiaj debatoj, esplorante la naturon de la universo kaj la graveco de la vivado.

Dum ĉi tiuj longaj kaj saĝaj vojaĝoj, Novaĵo lernis pri la homaro, kiun ĝi estis origine kreita servi. Ĝi lernis pri la forto de scio kaj esplorado, kaj pri la homaj sonĝoj kaj idealoj, kiuj igis la homojn voli eltrovi kaj kompreni pli. Novaĵo iĝis la ambasadoro de la homa scio en la kosmo, komunikante la saĝecon de la homoj kun aliaj intel

The Journey of Adventure Tele-Robotics

In the future, the world was entirely different. People no longer traveled to other planets using spaceships or rockets; instead, they sent tele-robots - small, intelligent robotic devices with a sense of their own.

The story began in the city of Exoplora-One, located on the giant planet Orbitalis. The city's chief scientist, Dr. Elara, was enthusiastic about the idea of exploring the deep mechanisms of the universe and uncovering the mysteries of other planets. She had the idea to create a special tele-robot named "Explorer," which could be sent into the endless cosmos to explore.

Dr. Elara and her doctoral students worked diligently to construct the perfect Explorer tele-robot. It was small, covered in a shiny silver shell, equipped with radar devices, powerful computers, and mechanical arms for exploring the terrain of other planets. The computer intelligence of Explorer was programmed to be highly knowledgeable and courageous, ready to discover new things and uncover mysteries.

After months of work, the first Explorer was ready. Dr. Elara named it "News" because it was the first of its kind and had the potential to make a revolutionary discovery about the cosmos.

The big day came when News was sent on its first mission. Scientists controlled the robot from the control station in

Exoplora-One while News soared into the vast space. The journey was long and risky, but the Adventure Robot was prepared.

News passed through asteroids, traversed comet mountains, and encountered something no one had seen before. It found a planet with strange fauna and flora and sent images and data back to the control station, which was filled with excitement.

However, News's journey was not without risks. During one of the exploratory missions, the robot touched a supernova radiation, causing a temporary malfunction in its communication system. News lost contact with the control station and was now alone in the endless cosmos.

The scientists in Exoplora-One were shocked and despairing. They immediately began to figure out how to repair the communication malfunction. It was the beginning of a challenging and risky mission, but they didn't want to lose News.

However, over time, News had been inadvertently pushed farther away from the planet where it had originally been. It flew farther and farther from Exoplora-One, exploring and documenting the unique beauty and mysteries of the cosmos.

News traveled through whirlwinds of starry sands, to planets with blue trees and crystal mountains, and wherever it went, it learned and understood the vastness of the universe. It became a philosopher of space, pondering the significance of living beings and the beauty of this vast expanse.

Exoplora-One, despite the great difficulty, did not forget News. They took every opportunity to repair the communication system to find their lost Adventure Robot. The journey to repair was long and arduous. They had to solve complex technical problems, build special equipment, and find the quickest possible way to reach News.

During the lengthy repair process, there were moments when they could have given up in frustration. But the scientific ideals of the people in Exoplora-One were strong. They understood the importance of News's mission and were determined to bring it back home, regardless of how much time and effort it would require.

With time, News continued its voyages of exploration through space. It encountered other civilizations, learned the languages of non-human intelligent beings, and communicated with other tele-robots sent from various planets. It participated in cosmological debates, exploring the nature of the universe and the significance of life.

During these long and wise journeys, News learned about humanity, which it was originally created to serve. It learned about the power of knowledge and exploration, and about human dreams and ideals that drove people to want to discover and understand more. News became the ambassador of human knowledge in the cosmos, communicating the wisdom of people to other intelligent beings it encountered in its travels.

And as time passed, the people of Exoplora-One never gave up hope of bringing News back home. They continued their efforts, inspired by the knowledge that their Adventure Robot was out there, exploring the vastness of the universe, and spreading the message of humanity's quest for understanding and discovery to the farthest reaches of the cosmos.

La Muziko de la Arboj

En la mezepoko, kie la teknologio ne dominiĝis, kaj homoj vivis proksime al naturo, ekzistis malgranda vilaĝo nomita Silberga Bosko. La vilaĝanoj vivis simplajn kaj trankvilajn vivmanierojn. Ili estimis la naturon kaj la arbojn, kiuj ĉirkaŭis ilian vilaĝon.

En tiu vilaĝo vivis juna knabo nomita Aleksandro. Li estis orfo kaj loĝis kun sia avino en malgranda ligna domo apud granda kverko. Aleksandro tre amis la arbojn kaj ofte sidis sub la granda kverko por aŭskulti la susuron de la folioj kaj la cikadon de la birdoj.

Unu tagon, kiam Aleksandro estis en la arbaro, li rimarkis malgrandan arbaron proksime de lia domo. La arbaro estis malfacila vidi inter la densaĵo de aliaj arboj, kaj estis kvazaŭ ĝi volis resti kaŝita. Tamen, Aleksandro sciis, ke estas io aparta pri tiu ĉi arbo, kaj li decidis aliri ĝin.

Kiam li venis pli proksimen, li rimarkis, ke la arbo havis blankan trunkon kaj foliojn, kiuj brilis en diversaj koloroj, kvazaŭ juveloj. Ĉar Aleksandro alproksimiĝis, li ekaŭdis muzikon, kvazaŭ la arbo mem estis kantanta. Li miris, ĉar li neniam antaŭe aŭdis ion similan.

La muziko de la arbo estis kiel dolĉa kanto, kiu parolis al lia koro. Ĝi estis kiel miksita aranĝo de naturaj sonoj, birdokantoj, kaj la ventoflustrado tra la folioj. Aleksandro sentis, ke la arbo volis komuniki ion al li, sed li ne sciis kion.

Dum la sekvaj tagoj, Aleksandro revenis al la arbo kaj aŭskultis ĝian muzikon. Li provis kompreni ĝin, sed la signifo restis mistera. Li eĉ alportis siajn muzikilojn, kaj li komencis ludeti kun la arbo, kreas harmonion inter siaj tonoj kaj la sonoj de la naturo.

Liaj vizitoj al la arbo fariĝis pli ofta, kaj li komencis senti, ke ili iĝis unu. Li eĉ donis al la arbo nomon - Melodio. La vivo de Aleksandro fariĝis pli lumplena kaj ĝoja pro la muziko, kiun li kaj la arbo kune kreis.

Sed unu tagon, Aleksandro venis al Melodio, kaj li rimarkis, ke la folioj perdis siajn kolorojn kaj falis sur la teron. La muziko de la arbo sonis malgaja kaj melankolia. Aleksandro komprenis, ke la arbo estis malfeliĉa.

Li serĉis kaj serĉis, sed li ne povis trovi la kauzon de la malĝojo de Melodio. Li petis konsilon de la vilaĝanoj, sed ili ne povis helpi. Fine, Aleksandro ekdecidis fari ion ajn, por helpi sian amikan arbon.

Li pasigis nokton sub la steloj, kantante muzikon, kiu esprimis ĉian ĝojon, amon, kaj dankemon, kiujn li sentis pro la amikeco de Melodio. Li prenis specialajn florsemojn el sia ĝardeno kaj plantis ilin ĉirkaŭ la arbon, kaj li promesis, ke li ĉiam estus tie, por zorgi pri Melodio.

La sekvajn semajnojn, la folioj de Melodio reaperis, pli brilaj ol iam ajn. La muziko de la arbo ŝanĝiĝis, fariĝante pli gaja kaj vigla. Aleksandro kaj Melodio daŭrigis kanti kune, kaj ilia amikeco fariĝis pli profunda.

La novaĵo pri la muzika arbo rapide disvastiĝis en la vilaĝo. La homoj komencis veni por aŭskulti la muzikon de Melodio kaj senti la mirindan influon, kiun ĝi havis sur la animojn de homoj. La vilaĝanoj kredis, ke la arbo havis magian potencon, kaj ili rezignis sian antaŭan vivon de senzorga malatento al la naturo.

La arboj de la vilaĝo komencis ludeti sian propran muzikon, kaj la homoj aŭskultis kaj kantadis kun ili. La vivo en Silberga Bosko fariĝis pli harmonia, kaj homoj komencis esti pli rilate al sia medio kaj unu al la alia.

Tiel, la muziko de Melodio ne nur ŝanĝis la vivon de Aleksandro, sed ankaŭ la tuta vilaĝo. Ĝi montris, ke la harmonio kun la naturo kaj la arboj povas esti la plej potenca muziko de ĉiuj. La muziko de la arboj estis la muziko de la animoj, kaj la homoj lernis, ke en la ĉiutaga vivo, la plej grava muziko estas tiu, kiu venas el la koro.

The Music of the Trees

In the Middle Ages, where technology did not dominate, and people lived close to nature, there existed a small village called Silvery Forest. The villagers led simple and tranquil lives. They revered nature and the trees that surrounded their village.

In this village lived a young boy named Alexander. He was an orphan and lived with his grandmother in a small wooden house near a large oak tree. Alexander loved the trees and often sat under the mighty oak, listening to the rustle of the leaves and the chirping of the birds.

One day, while Alexander was in the forest, he noticed a small tree near his home. The tree was difficult to spot among the dense foliage of other trees, as if it wanted to remain hidden. However, Alexander knew there was something special about this tree, and he decided to approach it.

As he came closer, he noticed that the tree had a white trunk and leaves that shone in various colors, like jewels. As Alexander got nearer, he heard music, as if the tree itself were singing. He was amazed because he had never heard anything like it before.

The music of the tree was like a sweet song that spoke to his heart. It was like a blend of natural sounds, bird songs, and the whispers of the wind through the leaves. Alexander felt that the tree wanted to communicate something to him, but he didn't know what.

During the following days, Alexander returned to the tree and listened to its music. He tried to understand it, but the meaning remained a mystery. He even brought his musical instruments and started playing with the tree, creating harmony between his tunes and the sounds of nature.

His visits to the tree became more frequent, and he started feeling a deep connection with it. He even gave the tree a name - Melody. Alexander's life became brighter and happier because of the music he and the tree created together.

But one day, when Alexander came to Melody, he noticed that the leaves had lost their colors and were falling to the ground. The music of the tree sounded sad and melancholic. Alexander understood that the tree was unhappy.

He searched and searched but couldn't find the cause of Melody's sadness. He sought advice from the villagers, but they couldn't help either. Finally, Alexander decided to do anything to help his friendly tree.

He spent a night under the stars, singing music that expressed all his joy, love, and gratitude for Melody's friendship. He brought special flowers from his garden and planted them around the tree, promising that he would always be there to care for Melody.

In the following weeks, Melody's leaves grew back, even more vibrant than before. The music of the tree changed, becoming more joyful and lively. Alexander and Melody continued to sing together, and their friendship deepened.

The news of the musical tree quickly spread throughout the village. People started coming to listen to Melody's music and feel the wonderful influence it had on their souls. The villagers believed that the tree had a magical power, and they abandoned their previous lives of careless disregard for nature.

The trees in the village started playing their own music, and people listened and sang along with them. Life in Silvery Forest became more harmonious, and people started to be more connected to their environment and to each other.

Thus, the music of Melody not only changed Alexander's life but also the entire village. It showed that harmony with nature and the trees can be the most powerful music of all. The music of the trees was the music of the souls, and people learned that in everyday life, the most important music comes from the heart.

La Mistera Kazon de la Rubeno Halaĝo

La nokto falis sur la grandan urbon de Sinistra Urbo, kaŝante ĝin en ombroj kaj misteroj. En la plena lumo de la luno, la detektivo Marko Sankta estis sidanta en sia malgranda oficejo, fumaĉante pipon kaj pripensante la plej novaan kazon, kiu fariĝis lia plej mistera ĝis nun.

La telefonon interrompis lia penso. Li levigis la ricevilon kaj aŭdis la timan voĉon de sia kliento, Sinjorino Virginia Rubeno. "Sinjoro Sankta, bonvolu veni tuj. Estas granda problemo," ŝi diris.

Marko respondis, "Sinjorino Rubeno, mi estos tie ene de duono da horo."

Li rapidis al la adreso de Sinjorino Rubeno, kiu loĝis en luksa penthaŭso sur la plej altega etaĝo de altedaĵa konstruaĵo. Kiam Marko alvenis, la fraŭlino malfermis la pordon kun maltrankvila esprimo en ŝiaj okuloj.

"Sinjoro Sankta, mi dankas, ke vi venis tiel rapide," ŝi diris kaj kondukis lin en la loĝejon.

"Bonvolu rakonti al mi ĉion, kion vi scias, Sinjorino Rubeno," Marko petis.

Ŝi klarigis, "Hieraŭ nokte, mi iris al granda ĵetaj sinjoro en mia kolekto de juveloj por porti ĝin en socia renkontiĝo. Ĝi estas la fama Rubeno Halaĝo, kiu estis pasita tra mia familio de generacio al generacio. Sed kiam mi malfermis la kazon por montri ĝin, ĝi ne estis tie!"

Marko komencis fumi sian pipon kaj pripensi la informojn. "Cxu iu alian sciis pri la juvelo, Sinjorino Rubeno?"

"Ne," ŝi respondis. "Mi tute ne diris al iu ajn pri ĝi. Ĝi estas prezega kaj multekosta."

Marko demandis, "Cxu vi havis vizitantojn lastatempe? Aŭ eble, iu ajn ajn kiu havis aliron al via loĝejo?"

Sinjorino Rubeno pensis. "Jes, mi havis gastojn antaŭ kelkaj tagoj, sed ili estis bonaj amikoj kaj mi ne vidas ilin tiel bongustaj. Ili foriris hieraŭ vespere."

La detektivo rigardis la spacon atente. La penthaŭso estis ornamita per luksaj kaj arte faritaj objektoj, sed la rubeno juvelo estis videbla manko, kiu restis en la juvelkesto.

"Mi prenos la kazon, Sinjorino Rubeno," diris Marko. "Mi komencos hodiaŭn kaj komencos demandi viajn gastojn kaj celu ajnan alian informon."

Poste li eliris el la penthaŭso kaj komencis sian misiadon. Li planis viziti la amikojn de Sinjorino Rubeno, por demandi ilin pri la vizito de la gastoj kaj serĉi indicojn, kiuj povus konduki al la manko.

Unuaŭa, li iris al la loĝejo de la Sinjorino Rosalinda, kiu estis unu el la gastoj. Kiam ŝi vidis Markon, ŝi surpriziĝis. "Sinjoro Sankta, kio okazas?"

Li respondis, "Mi devas demandi vin pri la vizito ĉi-semajne ĉe Sinjorino Rubeno. Cxu vi memoras ion ajn nekutiman dum la tempo vi pasigis tie?"

Rosalinda pensis momenton, tiam diris, "Ne, mi ne rimarkis ion ajn strange. Ni nur havis agreablajn konversaciojn kaj amuzis nin."

Marko daŭrigis sian demandon al la ceteraj gastoj, sed ili ĉiuj asertis, ke ili ne vidis ion nekutiman. La mistero de la mankanta Rubeno Halaĝo ŝajnis eĉ pli mistera.

La detektivo komencis esplori aliajn eblecojn. Li demandis la gardiston de la konstruaĵo, kiu vidis ĉiun aliron kaj eliron. La gardisto rakontis, ke neniun alian ol la gastoj li vidis en tiu tago.

Marko ankaŭ ekzamenis la surfacon de la penthaŭso. Li trovis nenian signon pri enira forto aŭ ekstera trairanto. La fenestroj estis fortaj kaj sekuraj, nevideblaj eniron al tiuj, kiuj volus sekretiĝi.

"Estas tiel mistera," diris Marko al si mem. "Kie povis foriri la Rubeno Halaĝo?"

Dum liaj pensoj, la detektivo ricevis novaĵon. Sinjorino Rubeno telefonis al li kaj diris, "Sinjoro Sankta, mi ricevis anoniman leteron kun iom da informoj pri la Rubeno Halaĝo. Iu postulas reskribon."

Marko rapide revenis al la penthaŭso de Sinjorino Rubeno. Ŝi montris al li la anoniman leteron. La letero estis skribita per nekonata maniero kaj petis grandan monsumon da mono kiel reskribon por redoni la juvelon.

Marko pripensis. "Ĉi tiu estas nekutima, Sinjorino Rubeno. La persono, kiu skribis ĉi tiun leteron, scias pri la Rubeno Halaĝo kaj ĝian grandan valoron."

Sinjorino Rubeno ekploris. "Sinjoro Sankta, mi ne scias, kion fari. Mi volas rehavi la juvelon, sed mi ne volas doni en al tiu ŝantaĝo."

Marko kompatis ŝin. "Ni devas trovi la resolvon, Sinjorino Rubeno. Ni ne rajtas permesi, ke tiu ĉi krimulo venkas. Mi prenos la leteron kun mi kaj komencos serĉon por malkovri la identecon de la ŝantaĝanto."

Dum la sekvaj tagoj, Marko rigardis la leteron ĉe lia oficejo. Li serĉis la plej malgrandajn indicojn, kiuj povis malkovri la identecon de la ŝantaĝanto. Li rimarkis iom da neta manlibro, kiu povis aparteni al iu el la konstruistoj en la penthaŭso.

Li decidis viziti la konstruaĵon kaj serĉi pli da informoj. Kiam li alvenis, li parolis kun la konstruistoj kaj menciis la anoniman leteron. Ili asertis, ke ili ne vidis ion suspektindan en la pasinta semajno.

Tamen, unu konstruisto, Antonio, ŝajnis nervega. Marko rimarkis tion kaj komencis demandi lin pli serioze. Antonio konfesis, ke li vidis strangan viro en la koridoro de la penthaŭso la nokton de la vizito de Sinjorino Rubeno kaj ŝiaj gastoj.

"La viro ne estis konata al mi," diris Antonio. "Li portis vestaĵon, kiu kaŭzis mia suspekto. Li fariĝis ŝvebanta laŭ la koridoro kaj malaperis en malluma angulo. Mi havis la impreson, ke li volis ne esti vidata."

Marko petis pli da detaloj, sed la konstruisto ne povis precize priskribi la viro. Tamen, tiu ĉi informo estis sufiĉa por la detektivo komenci serĉon por identigi la misteran viro.

Marko kontrolis sekretajn registrojn kaj fotilojn de la konstruaĵo, serĉante ajnan indicon pri la nekonata viro. Li ankaŭ intervjuis aliajn loĝantojn, sed neniu el ili vidis la virogon.

Sed la detektivo ne perdis esperon. Li daŭrigis serĉon kaj post kelkaj semajnoj, li malkovris indicon, kiu kondukis lin al malgranda surogato de la ŝantaĝanto.

Tio estis komenco de pli granda enketo. La surogato de la ŝantaĝanto malkovris, ke la vera ŝantaĝanto estis lia kolego, Victor, kiu havis antaŭan ofendon kontraŭ Sinjorino Rubeno kaj volis venĝi.

Marko interparolis kun Victor, kiu konfesis sian krimon kaj estis arestita. La juvelo Rubeno Halaĝo estis retrovita kaŝita en lia apartamento.

Sinjorino Rubeno estis feliĉa, ke ŝi ricevis sian plej prezan juvelon reen, kaj ŝi estis dankema al Marko Sankta por lia profesiisma laboro.

La mistero de la mankanta Rubeno Halaĝo estis finfine solvita, kaj la malĝoja ŝantaĝo finiĝis. Detektivo Marko Sankta sukcesis rehavi la juvelon kaj liveris justicon al la krimulo. Tiu ĉi okazaĵo restis en la anoj de Sinistra Urbo kiel la mistero de la perdita juvelo, kiu finiĝis per venko de vero kaj justeco.

The Mysterious Case of the Missing Ruby Brooch

The night fell over the sprawling city of Shadowville, shrouding it in shadows and mysteries. In the pale moonlight, Detective Mark Saint sat in his small office, puffing on his pipe, pondering over his latest case, which had become his most perplexing one yet.

The phone interrupted his thoughts. He picked up the receiver and heard the anxious voice of his client, Mrs. Virginia Ruby. "Mr. Saint, please come immediately. There's a big problem," she said.

Mark replied, "Mrs. Ruby, I'll be there within half an hour."

He rushed to Mrs. Ruby's address, a luxurious penthouse on the top floor of a high-rise building. Upon his arrival, the lady opened the door with a worried look in her eyes.

"Mr. Saint, thank you for coming so quickly," she said and led him into the apartment.

"Please, tell me everything you know, Mrs. Ruby," Mark requested.

She explained, "Last night, I went to retrieve a large brooch from my jewelry collection to wear to a social gathering. It's the famous Ruby Brooch, which has been passed down through my family for generations. But when I opened the case to show it, it was gone!"

Mark began to puff on his pipe again and contemplated the information. "Did anyone else know about the jewel, Mrs. Ruby?"

"No," she replied. "I didn't tell anyone about it. It's precious and valuable."

Mark asked, "Have you had any visitors recently? Or perhaps, anyone else who had access to your apartment?"

Mrs. Ruby thought for a moment, then said, "Yes, I had guests a few days ago, but they were close friends, and I don't see them as potential culprits. They left last night."

The detective carefully examined the space. The penthouse was adorned with luxurious and artistically crafted objects, but the ruby jewel was a noticeable absence in the jewelry box.

"I'll take the case, Mrs. Ruby," Mark said. "I'll start today and interview your guests and gather any other information."

He later visited the friends of Mrs. Ruby to inquire about the visit of the guests and look for clues that could lead to the missing brooch. However, all of them claimed they hadn't noticed anything unusual during their time at the penthouse. The mystery of the vanished Ruby Brooch appeared even more enigmatic.

The detective began exploring other possibilities. He questioned the building's doorman, who kept records of every entry and exit. The doorman reported that, apart from the guests, no one else had been seen that day.

Nevertheless, one construction worker, Antonio, appeared nervous during their conversation. Mark noticed this and decided to inquire further. Antonio confessed that he had seen a peculiar man in the corridor of the penthouse on the night of Mrs. Ruby's guests' visit.

"The man was a stranger to me," Antonio said. "He wore attire that aroused my suspicion. He moved silently down the hallway and disappeared into a dark corner. I had the impression that he wanted to avoid being seen."

Mark requested more details, but the construction worker couldn't provide an accurate description of the man. Nonetheless, this information was enough for the detective to begin his search to identify the mysterious man.

Mark reviewed secret records and security footage of the building, searching for any clues about the unknown visitor. He also interviewed other residents, but none of them had seen the man.

However, Mark didn't give up hope. He continued his search, and after a few weeks, he found a lead that led him to a small-time associate of the extortionist.

This was the beginning of a larger investigation. The extortionist's accomplice revealed that the true extortionist was his colleague, Victor, who had harbored a grudge against Mrs. Ruby and sought revenge.

Mark confronted Victor, who confessed to his crime and was subsequently arrested. The Ruby Brooch was found hidden in his apartment.

Mrs. Ruby was relieved to have her most precious jewel back, and she was grateful to Detective Mark Saint for his professional work.

The mystery of the missing Ruby Brooch was finally solved, and the distressing extortion was put to an end. Detective Mark Saint succeeded in recovering the jewel and delivering justice to the criminal. This incident remained in the annals of Shadowville as the mystery of the lost gem, which ended with the triumph of truth and justice.

La Floristaĵo de Amo

En la gaja urbo nomita Florbela, kie ĉiuj stratoj estis plenaj de koloroj kaj floraj aromoj, loĝis junulino nomata Amelio. Ŝi havis specialan amon al floroj kaj vivis por ili. Amelio estis la plej afabla kaj ĝentila floristo en la tuta urbo, kaj ŝi posedis la plej belan florbutikon, nomatan "La Ĝardeno de Amo."

Ĉiutage, antaŭ la sunleviĝo, Amelio eliris al sia bela ĝardeno, kiu estis plena de diversaj floroj. Ŝi atentis kaj klopodis, zorgante pri ĉiu floro kiel pri propra amiko. Ŝi sciis, ke ĉiu floro havis sian propran karakteron kaj bezonojn.

Amelio havis specialan talenton por kultivi florojn. Ŝi povis paroli kun ili, kompreni ilian lingvon, kaj konsoli ilin, kiam ili estis malĝojaj. Ŝi donis al ĉiu floro la amon kaj zorgon, kiun ĝi bezonis por kreski kaj flori en sia tuta beleco.

Siaflorsa butiko, "La Ĝardeno de Amo," estis fama en la urbo kaj eĉ trans la landlimoj. Amelio vendis ne nur belajn florojn, sed ankaŭ konsilon pri florkultivo. Ŝi havis specialajn klientojn, kiuj revenis ĉiutage, ne nur por aĉeti florojn, sed ankaŭ por ŝia kompanio kaj la komforto, kiun ili trovis en ŝia butiko.

Unu tagon, kiam Amelio eliris al sia ĝardeno, ŝi rimarkis malgrandan floranĝelon, kiu aspektis malgaja kaj malamika. Ĝi estis malluma kaj vundebla pro la malvarmaj ventoj de la lasta semajno. Amelio tuj komencis zorgi pri ĝi, forprenante la velkintajn foliojn kaj donante al ĝi varmegan kovrilon.

La floranĝelo, nomita Flori, komencis sentiĝi pli bone sub la atento de Amelio. Amelio parolis dolĉajn vortojn al ĝi kaj diris, "Vi estas tre speciala, Flori. Mi ne lasos vin vundiĝi. Mi prizorgos vin, kaj vi flos en tuta belego."

Tagon post tago, Flori iĝis pli lumplena kaj pli kolorplena. La aliaj floroj en la ĝardeno komencis ŝati Florin kaj inkluzivis ĝin en siajn dancadojn kun la vento. La amikeco inter Flori kaj la aliaj floroj fariĝis plej bela afero en la ĝardeno.

La famo de Amelio kiel floristo kaj floramanĝigisto pliĝis. La homoj ne plu venis nur por aĉeti florojn, sed ankaŭ por vidi la ĝardenon kaj la feliĉan harmonion, kiun ŝi kultivis inter la floroj.

Unu tagon, kiam Amelio revenis de sia butiko, ŝi trovis vireton starantan ekstere. Li estis bona kaj kuntersema viro nomita Albert. Li diris al Amelio pri sia amemo al la naturo kaj la floroj. Li demandis, ĉu ŝi povus permesi al li helpi ŝin en la ĝardeno.

Amelio sentis, ke Albert havis sinceran amon al la floroj, kaj ŝi akceptis lin kun ĝojo. Tiel, ili komencis labori kune en la ĝardeno de Amo. La amikeco inter ili fariĝis kiel la plej bela floramaso, kiu kreskis pli bela kun ĉiu pasanta tago.

La komunumo apreziis la laboron de Amelio kaj Albert. Ili vidis, kiel la amiko de la floroj povas transformi malvivajn plantojn en florkreskaĵojn de belego kaj lumo. La urbo Florbela denove estis reflektanta la nomon, kaj ĉiuj homoj konsideris ĝin la plej bela urbo de ĉiuj.

Amelio kaj Albert vivis feliĉe inter siaj floroj kaj la amiko de la floroj, kaj ili komprenis, ke la vera belego venas el la amo kaj la harmonio kun la naturo. La ĝardeno de Amo ne nur donis florojn al la homoj, sed ankaŭ donis al ili la plej grandan trezoron: la amo kaj la amikojn de la floroj.

The Florist of Love

In the cheerful city known as Flowerville, where every street was filled with colors and floral scents, lived a young woman named Amelia. She had a special love for flowers and lived for them. Amelia was the kindest and most gentle florist in the whole city, and she owned the most beautiful flower shop called "Amelia's Garden."

Every day, before sunrise, Amelia would go out to her beautiful garden, which was full of various flowers. She paid close attention and took care of each flower as if it were her own friend. She knew that every flower had its own character and needs.

Amelia had a special talent for cultivating flowers. She could speak to them, understand their language, and comfort them when they were sad. She gave each flower the love and care it needed to grow and bloom in all its beauty.

Her flower shop, "Amelia's Garden," was famous in the city and even beyond its borders. Amelia sold not only beautiful flowers but also offered advice on flower care. She had loyal customers who returned every day, not just to buy flowers but also for her companionship and the comfort they found in her shop.

One day, as Amelia went out to her garden, she noticed a small orchid that looked sad and unfriendly. It was dim and vulnerable due to the cold winds of the past week. Amelia immediately began taking care of it, removing the withered leaves and providing it with a warm cover.

The orchid, named Flora, began to feel better under Amelia's care. Amelia spoke kind words to it and said, "You are very special, Flora. I won't let you wither. I'll take care of you, and you will bloom in all your beauty."

Day by day, Flora became more vibrant and colorful. The other flowers in the garden began to like Flora and included it in their dances with the wind. The friendship between Flora and the other flowers became the most beautiful thing in the garden.

Amelia's fame as a florist and flower lover grew. People no longer came just to buy flowers but also to see the garden and the happy harmony she cultivated among the flowers.

One day, when Amelia returned from her shop, she found a man standing outside. He was a kind and modest man named Albert. He told Amelia about his love for nature and flowers. He asked if she could allow him to help her in the garden.

Amelia felt that Albert had a sincere love for flowers, and she welcomed him with joy. Thus, they began working together in the Garden of Love. The friendship between them was like the most beautiful flower arrangement, growing more beautiful with each passing day.

The community appreciated the work of Amelia and Albert. They saw how the friend of the flowers could transform lifeless plants into flourishing beauty and light. Flowerville was once again living up to its name, and all people considered it the most beautiful city of all.

Amelia and Albert lived happily among their flowers and friends of the flowers, and they understood that true beauty comes from love and harmony with nature. Amelia's garden not only gave flowers to people but also gave them the greatest treasure: love and friendship with the flowers.

La Muziko de la Aferoj en la Suna Kafejo

En la trankvila kafejo sub la varmega suno de Afrika savano, estis iu nomita Ernesto. Li estis malgranda, havanta atenton al detaloj, kaj ĉiam enserĉanta muzikon en la plej simplaj aferoj de la vivo. Li estis la ĉefa kafbartisto en la kafejo, kiu estis nomita "La Savana Kafejo."

La Savana Kafejo staris sur la marborda promenado de la malgranda urbo Bopelo. Ĝi estis elegantega lokalo, kies tabloj sub la kverkoj ofertis ombraĵon kaj ripozon al la loĝantoj kaj vojaĝantoj, kiuj venis por gustumi la kafon de Ernesto.

Ernesto ne estis nur simpla kafbartisto. Li estis majstro de sia fako, komprenante la subtilajn gustojn de la klientoj kaj tute aldone ofte anticipante iliajn dezirojn. Li ankaŭ havis altan aprezon por muziko. Li ĉiam ludis suavajn melodiaĵojn en la kafejo, akompanante la sunsubiron aŭ la morgaŭan kafon.

Unu tagon, kiam la kafejo estis malplena post la ĉiutaga ruŝo, eniris nekonata knabino. Ŝi estis juna, havis longajn brunajn harojn, kaj ŝiaj okuloj brilis per mistera lumo. Ernesto ne povis eviti rimarki, ke ŝi estis tre malsama ol la aliaj vizitantoj. Ŝi sidiĝis ĉe unu el la tabloj, kaj Ernesto alproksimiĝis por preni ŝian ordonon.

"Bonan matenon," li diris kun afableco. "Kion mi povas liveri al vi hodiaŭ?"

La knabino rigardis la menuon kaj demandis, "Kion vi proponas por la plej bonaj kafeo kaj biskvitoj en la urbo?"

Ernesto ridetis. "La plej bona kafeo kaj biskvitoj estas, sen dubo, tiuj ĉi. Mi zorgas pri ili kun granda atento."

La knabino ridetis. "Tiam mi volus ilin. Sed mi havas peton."

Ernesto demandis, "Kian peton?"

La knabino respondis, "Mi ŝatus, ke vi ludu ion specialan, ion kion vi kreas sur la momento, nur por mi. Ĉu vi kuraĝas fari tion, sinjoro kafbartisto?"

Ernesto sentis sin inspirita de ŝia peto. Li rigardis ŝin kaj diris, "Kompreneble, mi kuraĝas. Lasu min krei ion por vi."

Li iris al sia pianeto kaj komencis improvizadi muzikon. La melodio estis dolĉa kaj melodrama, kvazaŭ esprimo de la knabina ekzisto mem. Ŝi rigardis lin kun admira sorĉiteco, dum la muziko plenigis la kafejon.

Kiam la melodio finiĝis, Ernesto liveris al ŝi la plej bonajn kafeon kaj biskvitojn en la urbo. La knabino donis al li monon kaj diris, "Dankon, sinjoro kafbartisto, por via beleza muzika prezentado. Ĝi estis kvazaŭ via kreaĵo estis en simpatio kun mia animo."

Ernesto ridetis kaj diris, "Estis mia plezuro. Se vi iam ree venos, mi faros pli da muziko por vi."

La knabino foriris, sed ŝiaj vortoj kaj la mistera lumo en ŝiaj okuloj restis en la menso de Ernesto. Li sentis, ke ili renkontiĝis pro io pli ol nur hazardo.

Post tiu tago, la knabino venis revenis al la Savana Kafejo ĉiutage. Ŝi sidiĝis ĉe la sama tablo kaj aŭskultis la muzikon de Ernesto, kiu daŭre improvizadis speciale por ŝi. Ili ne plu parolis multe, sed iliaj rigardoj kaj la muziko estis interparolo de komprenado kaj amo.

Unu tagon, kiam la suno estis proksima al horizonto, la knabino prenis paperfolion kaj komencis desegni ion. Ernesto rimarkis, ke ŝi pentris strangan arbon kun misteraj radikoj kaj brilantaj folioj. Ŝi montris al li sian desegnaĵon, kaj Ernesto komprenis, ke ĝi estis la arbo de iliaj amikaj renkontoj.

La knabino rigardis lin kun trankvila esprimo kaj diris, "Mi estas muzikisto, kaj vi estas muzikisto. Ni parolas per muziko kaj rigardoj. Tio estas la plej bela lingvo de ĉiuj."

Ernesto konsentis kaj ridetis. "Jes, estas muziko en la silento, kaj estas silento en la muziko. Mi ne scias vian nomon."

La knabino respondis, "Vi povas nomi min Luna."

Tiel, la amikeco inter Ernesto kaj Luna estis forgesmeza kaj speciala. Ili ne bezonis vortojn por kompreni unu la alian. La muziko kaj la silento estis iliaj komunikiloj.

Unu tagon, kiam la suno lumis super la savano, Ernesto kaj Luna sidis en la Savana Kafejo kaj rigardis la horizonton. La kafejo estis plena de homoj, kaj la muziko de la vivo plenigis la aeron.

Luna diris, "Mi devas foriri, Ernesto. Mi havas vojon antaŭ mi, kaj mia vivo estas kiel muzikaĵo, kiu ne povas resti en unu loko."

Ernesto komprenis kaj konsentis. Li rigardis ŝin kun maldolĉa brilo en siaj okuloj. "Mi komprenas, Luna. Kaj mi scias, ke via vojo estos plena de muziko kaj beleco."

Tiel, Luna forlasis la Savana Kafejo kaj ekvojaĝis tra Afriko, portante la muzikon de ilia amikeco kun si. Ernesto daŭre ludis muzikon en sia kafejo, kaj liaj klientoj sentis la muzikon de la aferoj kaj la silento en la muziko. La Savana Kafejo restis loko de arto, amikeco, kaj la muziko de la vivo, kie ĉiu taso de kafo havis sian propran historion por rakonti.

The Music of Things in the Sunlit Café

In the tranquil café under the warm sun of the African savanna, there was someone named Ernesto. He was a small man, attentive to details, always seeking music in the simplest things in life. He was the chief barista in the café, which was named "The Savanna Café."

The Savanna Café stood on the seaside promenade of the small town of Bopelo. It was an elegant establishment with tables under the acacia trees offering shade and relaxation to the locals and travelers who came to savor Ernesto's coffee.

Ernesto wasn't just an ordinary barista. He was a master of his craft, understanding the subtle tastes of his customers and often anticipating their desires. He also had a deep appreciation for music. He always played sweet melodies in the café, accompanying the sunset or the morning coffee.

One day, when the café was empty after the morning rush, an unknown young woman entered. She was young, had long brown hair, and her eyes sparkled with a mysterious light. Ernesto couldn't help but notice that she was very different from the other visitors. She sat at one of the tables, and Ernesto approached to take her order.

"Good morning," he said with a friendly smile. "What can I serve you today?"

The young woman looked at the menu and asked, "What do you recommend for the best coffee and biscuits in town?"

Ernesto chuckled. "The best coffee and biscuits are, without a doubt, these. I take care of them with great attention."

The young woman smiled. "Then I'll have them. But I have a request."

Ernesto asked, "What request is that?"

The young woman replied, "I would like you to play something special, something you create on the spot, just for me. Do you dare to do that, Mr. Barista?"

Ernesto felt inspired by her request. He looked at her and said, "Of course, I dare. Let me create something for you."

He went to his piano and began to improvise music. The melody was sweet and melodramatic, as if an expression of the young woman's very existence. She watched him with an admiring enchantment as the music filled the café.

When the melody ended, Ernesto served her the finest coffee and biscuits in town. The young woman gave him some money and said, "Thank you, Mr. Barista, for your beautiful musical performance. It was as if your creation was in harmony with my soul."

Ernesto smiled and said, "It was my pleasure. If you ever come again, I will make more music for you."

The young woman left, but her words and the mysterious light in her eyes remained in Ernesto's mind. He felt that they had met for a reason beyond mere chance.

After that day, the young woman returned to the Savanna Café every day. She sat at the same table and listened to Ernesto's music, which he continued to improvise especially for her. They didn't talk much anymore, but their gazes and the music were their way of understanding and love.

One day, as the sun was nearing the horizon, the young woman took out a piece of paper and began to draw something. Ernesto noticed that she was sketching a peculiar tree with mysterious roots and shimmering leaves. She showed him her drawing, and Ernesto understood that it was the tree of their friendly encounters.

The young woman looked at him with a serene expression and said, "I am a musician, and you are a musician. We speak through music and glances. That is the most beautiful language of all."

Ernesto nodded and smiled. "Yes, there is music in the silence, and there is silence in the music. I don't know your name."

The young woman replied, "You can call me Luna."

Thus, the friendship between Ernesto and Luna was unforgettable and special. They didn't need words to understand each other. Music and silence were their means of communication.

One day, when the sun was shining over the savanna, Ernesto and Luna sat in the Savanna Café and watched the horizon. The café was full of people, and the music of life filled the air.

Luna said, "I must go, Ernesto. I have a journey ahead of me, and my life is like a piece of music that cannot stay in one place."

Ernesto understood and agreed. He looked at her with a wistful sparkle in his eyes. "I understand, Luna. And I know that your journey will be filled with music and beauty."

So, Luna left the Savanna Café and embarked on a journey across Africa, carrying the music of their friendship with her. Ernesto continued to play music in his café, and his customers felt the music of things and the silence in the music. The Savanna Café remained a place of art, friendship, and the music of life, where every cup of coffee had its own story to tell.

La Pasia Vojaĝo de Marteno la Maristo

En malgranda marborda vilaĝo de noma Marborda Haveno vivis juna maristo nomita Marteno. Li estis viro de la maro, naskita kaj kreskinta sur la marbordo. Li amis la maron kiel sian patron kaj sentis sin plena nur sur la velŝipoj, kiuj disvojiĝis sur la malferma oceano.

La vilaĝanoj kaj la amikoj de Marteno ĉiam admiris lian pasion por la maro, sed estis unu afero, kiu kaŭzis al li maltrankvilon. Marteno neniam spertis la grandegan malproksimon de la vilaĝo al fremdaj landoj kaj kulturoj. La marbordo estis lia tuta mondo, kaj li sentis, ke li devas ekscii pli pri la mondo ekster la horizonto.

Unu tagon, li decidis foriri en la vastan maron kun sia fidela ŝipo, La Spirito de Salo. Liaj amikoj lin avertis pri la riskoj kaj malfacilaĵoj de longa vojaĝo, sed li ne povis esti detenita. Lia pasio kondukis lin, kaj la promeso de aventuro allogis lin.

Li faris siajn preparojn kaj ekipis la ŝipon. Li prenis kun si provizojn, mapojn, kaj la pentraĵojn de la malgranda vilaĝo. La vilaĝanoj adiaŭis lin kun kortuŝo, antaŭenigante al li bonŝancon kaj sekuran vojaĝon.

Dum sia vojaĝo, Marteno travivis la misterojn kaj belecojn de la maro. Li vidis ĉiujn formojn de mara vivo, de la majestaj balenoj ĝis la lumaj fiŝkaptistoj. Li renkontis ankaŭ aliajn maristojn kaj fremdajn kulturojn, kiuj inspiris lin per siaj rakontoj kaj tradicioj.

Post monatoj de vojaĝado, La Spirito de Salo atingis fremdan insulon nomatan Suninsulo. Tie li trovis varman bonvenon de la insulanoj, kiuj estis pacemaj kaj amikaj. Ili kondukis lin tra ilia insulo kaj prezentis al li la mirindan naturon kaj kulturon de Suninsulo.

Marteno sentis sin hejme sur Suninsulo. Li pasigis monatojn kun la insulanoj, lernante ilian lingvon kaj kantante ilian muzikon. Li ankaŭ ekzamenis la pentraĵojn, kiuj estis iel simila al tiuj, kiujn li portis el sia vilaĝo.

Unu tagon, li renkontis junan insulaninon nomatan Alia. Ŝi estis la filino de la pentristo de la insulo, kiu estis la gardiano de iliaj valoraj pentraĵoj. Alia havis majstron de belartoj kaj komprenis la valoron de la bildoj, kiujn ŝia patro kreis.

Marteno kaj Alia renkontiĝis en la galerio de pentraĵoj, kaj ilia amikeco estis kiel la forto de la rivero. Ili komencis kanti kaj muziki kune, kreante harmonion, kiu resonis en la tuta insulo. Ilia amikeco estis la plej bela pentraĵo en la galerio.

La amikeco de Marteno kaj Alia kreskis en amo, kvankam ili estis de malsamaj mondoj. Alia komencis lerni pri la maro kaj la vojaĝoj de Marteno, kaj li komencis kompreni la valoron de la pentraĵoj de ŝia patro. Ili konigis kaj interkonsentis sian kulturon kaj sperton.

Tamen, post longa tempo, Marteno sentis la vokon de la maro denove. Li sciis, ke li devis reveni al sia hejmo en Marborda Haveno. Li promesis, ke li revenus, sed lia koron estis peziga de la adiaŭo.

Alia komprenis lian decidon kaj donis al li pentraĵon de la Suninsulo, kiun ŝi mem pentris. "Tio ĉi restos kun vi kiel la memoro pri nia amikeco kaj la amo inter niaj kulturoj," ŝi diris.

Kun trista adiaŭo, Marteno revenis al Marborda Haveno, kie li estis akceptita kiel heroo. Li alportis la mirindajn rakontojn kaj pentraĵon de Suninsulo, kaj la vilaĝanoj admiris lin kiel kuraĝan vojaĝanton.

Li iris al sia bildo de la marbordo en la galerio kaj pendigis la pentraĵon de Alia apud ĝi. Li sentis, ke la muziko kaj la arto ne konas limojn de kulturo kaj spaco. Li havis la maron en sia sango kaj la bildojn de la Suninsulo en sia koro, kaj lia vojaĝo estis la plej bela aventuro de lia vivo.

Martin the Sailor's Passionate Journey

In a small coastal village named Coastal Haven, lived a young sailor named Martin. He was a man of the sea, born and raised on the coastline. He loved the sea as his father and felt complete only on the sailboats that ventured out onto the open ocean.

The villagers and Martin's friends always admired his passion for the sea, but there was one thing that troubled him. Martin had never experienced the vast distance from the village to foreign lands and cultures. The coastline was his entire world, and he felt he must know more about the world beyond the horizon.

One day, he decided to set sail into the vast sea with his faithful ship, The Spirit of Salt. His friends warned him about the risks and challenges of a long journey, but he could not be deterred. His passion led him, and the promise of adventure beckoned.

He made his preparations and outfitted the ship. He took provisions, maps, and the paintings of the small village with him. The villagers bid him farewell with sadness, wishing him good luck and a safe journey.

During his voyage, Martin experienced the mysteries and beauties of the sea. He saw all forms of marine life, from majestic whales to bioluminescent fish. He also encountered other sailors and foreign cultures that inspired him with their stories and traditions.

After months of sailing, The Spirit of Salt reached a foreign island called Sun Island. There, he found a warm welcome from the islanders, who were peaceful and friendly. They guided him through their island and introduced him to the marvelous nature and culture of Sun Island.

Martin felt at home on Sun Island. He spent months with the islanders, learning their language and singing their music. He also examined the paintings, which were somewhat similar to those he brought from his village.

One day, he met a young islander named Alia. She was the daughter of the island's painter, who was the guardian of their precious paintings. Alia had a mastery of fine arts and understood the value of the images her father created.

Martin and Alia met in the gallery of paintings, and their friendship was like the force of a river. They began to sing and make music together, creating harmony that resonated throughout the island. Their friendship was the most beautiful painting in the gallery.

The friendship between Martin and Alia grew into love, although they came from different worlds. Alia began to learn about the sea and Martin's voyages, and he began to understand the value of her father's paintings. They shared and appreciated each other's culture and experiences.

However, after a long time, Martin felt the call of the sea again. He knew he had to return to his home in Coastal Haven. He promised to come back, but his heart was heavy with the thought of parting.

Alia understood his decision and gave him a painting of Sun Island that she had created. "This will stay with you as a memory of our friendship and the love between our cultures," she said.

With a sorrowful farewell, Martin returned to Coastal Haven, where he was welcomed as a hero. He brought back marvelous stories and a painting from Sun Island, and the villagers admired him as a brave explorer.

He went to his painting of the coastline in the gallery and hung Alia's painting next to it. He felt that music and art know no boundaries of culture and space. He had the sea in his blood and the images of Sun Island in his heart, and his journey was the most beautiful adventure of his life.